W9-CIJ-065

Puedo hacer de todo

Escrito por Mary E. Pearson
Ilustrado por Jeff Shelly

Children's Press®
Una División de Scholastic Inc.
Nueva York • Toronto • Londres • Auckland • Sydney
Ciudad de México • Nueva Delhi • Hong Kong
Danbury, Connecticut

Para todo bibliotecario que ha guiado a un niño al mundo de los libros y ha dicho, "Soñar...creer"
— M.E.P.

Para Christine
— J.S.

Asesoras de lectura

Linda Cornwell
Especialista en alfabetización

Katharine A. Kane
Asesora educativa
(Jubilada de la Oficina de Educación del condado de San Diego
y de la Universidad Estatal de San Diego)

Biblioteca del Congreso. Catalogación de la información sobre la publicación

Pearson, Mary (Mary E.)
    [Puedo hacer de todo. Español]
    Puedo hacer de todo / escrito por Mary E. Pearson; ilustrado
por Jeff Shelly.
        p. cm. — (Un lector principiante de español)
    Resumen: Cuando un niño va a la biblioteca, se da cuenta de que al leer
los libros puede fingir ser cualquier persona o hacer cualquier cosa.
    ISBN 0-516-22683-5 (lib. bdg.)   0-516-27800-2 (pbk.)
    [1. Bibliotecas—Ficción. 2. Libros y lectura—Ficción. 3. Cuentos con rima.
4. Materiales en idioma español.] I. Shelly, Jeff, ilustr. II. Título. III. Serie.
PZ74.3.P353 2002
[E]—dc21   2002067349

Me elevo en un avión.

Navego en un barco.

Corro en un auto veloz.

Viajo al espacio.

9

Voy de excursión por el desierto.

Me sumerjo en el mar.

Me columpio en la selva.

Me trepo a un árbol alto.

Lavo oro con un minero.

Bailo en un espectáculo.

Sostengo una boa enorme.

24

¡Hago el mejor lanzamiento!

Vigilo un castillo antiguo.

Visito al rey.

¡Cuando voy a la biblioteca
puedo hacer cualquier cosa!

31

Lista de palabras (52 palabras)

a	cosa	lanzamiento	un
al	cualquier	lavo	una
alto	cuando	mar	veloz
antiguo	de	me	viajo
árbol	desierto	mejor	vigilo
auto	el	minero	visito
avión	elevo	navego	voy
bailo	en	oro	
barco	enorme	por	
biblioteca	espacio	puedo	
boa	espectáculo	rey	
castillo	excursión	selva	
columpio	hacer	sostengo	
con	hago	sumerjo	
corro	la	trepo	

Acerca de la autora

Mary E. Pearson es una escritora y profesora en San Diego, California.

Acerca del ilustrador

Jeff Shelly nació en Lancaster, Pennsylvania, y creció observando el lado humorístico de la vida. Trabajó como animador por muchos años y ahora trabaja como ilustrador. Jeff vive con su esposa Christine y sus dos perros salchichas, Jessie y James, en Hollywood, California.